BEI GRIN MACHT SICH IHR
WISSEN BEZAHLT

- Wir veröffentlichen Ihre Hausarbeit,
  Bachelor- und Masterarbeit

- Ihr eigenes eBook und Buch -
  weltweit in allen wichtigen Shops

- Verdienen Sie an jedem Verkauf

Jetzt bei www.GRIN.com hochladen
und kostenlos publizieren

GRIN :)

Bibliografische Information der Deutschen Nationalbibliothek:

Die Deutsche Bibliothek verzeichnet diese Publikation in der Deutschen National-
bibliografie; detaillierte bibliografische Daten sind im Internet über http://dnb.d-
nb.de/ abrufbar.

Dieses Werk sowie alle darin enthaltenen einzelnen Beiträge und Abbildungen
sind urheberrechtlich geschützt. Jede Verwertung, die nicht ausdrücklich vom
Urheberrechtsschutz zugelassen ist, bedarf der vorherigen Zustimmung des Verla-
ges. Das gilt insbesondere für Vervielfältigungen, Bearbeitungen, Übersetzungen,
Mikroverfilmungen, Auswertungen durch Datenbanken und für die Einspeicherung
und Verarbeitung in elektronische Systeme. Alle Rechte, auch die des auszugsweisen
Nachdrucks, der fotomechanischen Wiedergabe (einschließlich Mikrokopie) sowie
der Auswertung durch Datenbanken oder ähnliche Einrichtungen, vorbehalten.

Impressum:

Copyright © 2001 GRIN Verlag, Open Publishing GmbH
Druck und Bindung: Books on Demand GmbH, Norderstedt Germany
ISBN: 9783668427556

Dieses Buch bei GRIN:

http://www.grin.com/de/e-book/357863/elemente-ziele-und-instrumente-des-human-
resource-managements

Tanja Nagler

Elemente, Ziele und Instrumente des Human Resource Managements

GRIN Verlag

GRIN - Your knowledge has value

Der GRIN Verlag publiziert seit 1998 wissenschaftliche Arbeiten von Studenten, Hochschullehrern und anderen Akademikern als eBook und gedrucktes Buch. Die Verlagswebsite www.grin.com ist die ideale Plattform zur Veröffentlichung von Hausarbeiten, Abschlussarbeiten, wissenschaftlichen Aufsätzen, Dissertationen und Fachbüchern.

Besuchen Sie uns im Internet:

http://www.grin.com/

http://www.facebook.com/grincom

http://www.twitter.com/grin_com

Elemente, Ziele und Instrumente des Human Resource Management

Hausarbeit

im Fachbereich Betriebswirtschaftslehre

Schwerpunkt Personal- und Sozialwesen

Sommersemester 2001

eingereicht beim

Fachbereich Allgemeine Betriebswirtschaftslehre

an der

Fachhochschule

Frankfurt am Main

von

Tanja Nagler

Studienrichtung Betriebswirtschaftslehre

4. Fachsemester

Inhaltsverzeichnis

1 Einleitung

Der Personalbereich eines Unternehmens gilt als besonders sensibel. Verschiedenartige Probleme lassen sich regelmäßig auf das Personal zurückführen, sei es wegen mangelnder Motivation oder fehlender Qualifikation. Human Resource Management betrachtet den Mitarbeiter als wettbewerbsentscheidenden Faktor statt als Kostenpunkt, und versucht die Leistungspotentiale der Unternehmensmitglieder zu aktivieren durch komplex aufeinander bezogene Methoden die personelle Veränderungen, Lohn- und Gehaltsfindung, Arbeitsorganisation und Beteiligung der Mitarbeiter betreffen. Die Ziele der Unternehmung sollen dabei mit den individuellen Bedürfnissen des Personals in höchstmöglichsten Einklang gebracht werden. Wichtig ist hierbei vor allem die Auswahl, Qualifizierung, Motivation und Strukturierung.

Als Einstieg in das Thema wird im nächsten Kapitel zuerst einmal analysiert, was eine Human Resource ist, das heißt ihre Definition wird erläutert, sowie der Stellungswert im Unternehmen dargestellt.

In dem Hauptkapitel werden dann die verschiedenen Elemente des Human Resource Managements erörtert, von Personalplanung und –beschaffung über Arbeitsorganisation bis hin zur Personalführung und der Unternehmenskultur. Dazu wird in dem jeweiligen Unterkapitel das entsprechende Element kurz erläutert, seine Ziele aufgezeigt und die Instrumente (Methoden) hierfür beschrieben.

In dieser kurzen Arbeit ist es nicht möglich das Human Resource Management ausführlich darzustellen, es wird vielmehr versucht auf die wichtigsten und grundlegensten Elemente einzugehen, und diese möglichst knapp aber dennoch ausreichend informativ zu beschreiben.

Abschließend wird nochmals das wichtigste des bis dahin erläuterten Themas als Kern komprimiert und zusammengefasst, um das aus dieser Arbeit erlangte Verständnis zu fundamentieren und beim Leser einen bleibenden Eindruck zu gewinnen.

2 Was ist eine Human Resource ?

Eine Human Resource bedeutet wörtlich übersetzt der menschliche Produktionsfaktor-gemeint ist die Arbeitskraft und Qualifikation eines Menschen.

Human Resourcen bezeichnen die Gesamtheit des körperlichen und geistigen Potentials jedes Unternehmensmitgliedes, das heißt nicht nur das latent vorhandene sondern auch das bereits genutzte Potential.[1]

Es handelt sich somit um die Summe aller Leistungspotentiale, die einer Organisation durch ihre Mitarbeiter zur Verfügung gestellt werden.

2.1 Stellungswert im Unternehmen

Im Rahmen wachsender Qualifikationsanforderungen gewinnen die Human Resourcen zunehmend an Bedeutung zur Erreichung der Unternehmensziele, der Mitarbeiter wird immer häufiger als Katalysator des Unternehmenserfolgs betrachtet. Ohne eine qualifizierte und motivierte Belegschaft sind Wettbewerbsvorteile auf Dauer nicht zu halten.[2]

Mitarbeiter garantieren die Wirtschaftlichkeit und Qualität einer Unternehmung, ihr Potential, Erfahrung und Können ist die wichtigste Voraussetzung für den Erfolg.[3]

Dementsprechend erhöht sich das Interesse an dem Faktor Kreativität, Innovation und geistiges Kapital zunehmend, und die Aufgabe einer Unternehmensführung ist es verstärkt, den menschlichen Intellekt zu managen und zu fördern.[4]

Mit der stetigen Zunahme der Anforderungen an die Mitarbeiter wächst auch ihre Bedeutung als Produktions- und Erfolgsfaktor einer Unternehmung- um Wettbewerbsvorteile zu erzielen sind die Human Resourcen immer entscheidender.[5]

„Unsere Mitarbeiter [müssen] ein klein wenig besser sein als jene unserer Mitbewerber", zu den zentralen Elementen der Wettbewerbsfähigkeit gehören demnach ihre Motivation, Kompetenz und Unternehmensbindung.[6]

---

[1]   Papmehl 1998; S. 63
[2]   Papmehl 1998; S. 77, 78, 89
[3]   Dietrich 1998; S. 73
[4]   Ulrich 1999; S. 255
[5]   OFW 1993; S. 274
[6]   Siegwart 1997; S. 171

3   Das Human Resource Management

Dem Human Resourcen Management als umfassende Personalpolitik wächst eine immer größer werdende Bedeutung zu.

Herkömmliche Wettbewerbsmuster wie Vertrieb, Technik, Herstellung, Kosten und Produkteigenschaften lassen sich mit der Zeit nachahmen- gewinnbringend werden Unternehmen sein, die eine Geschäftsstrategie schnell umsetzen, und durch das Engagement und Mitwirken der Mitarbeiter die Prozesse wendig und wirksam meistern können.[7]

Die Bindung der Mitarbeiter zum Unternehmen soll erhöht werden mit kulturbewußtem Management, Stärkung der Linienpersonalverantwortung und strategischer Orientierung- der Mensch als Resource statt als Kostenfaktor[8], „denn nur über die Mitarbeiter wird das Unternehmen überhaupt handlungsfähig und kann sich positiv verändern."[9]

Um in der Zusammenarbeit eine bessere Wertschöpfung als die Konkurrenz anbieten zu können, müssen die Human Resourcen bestens ausgewählt, entwickelt und belohnt werden. Das Human Resourcen Management sieht den Mitarbeiter positiv und optimistisch, er ist fähig und bereit in eigenverantwortlicher Weise die Aufgaben im Gesamtinteresse der Unternehmung und ihrer Belegschaft durchzuführen.[10]

Wichtige Aufgaben des HRM sind die Personalbewegung oder –planung mit den Funktionen Personalbeschaffung und –auswahl, Personalbewertung und Weiterbildung, aber auch die Arbeitnehmermotivation durch die richtige Personalführung.[11]

Das Human Resourcen Management unterscheidet sich von früheren Ansätzen durch die Annahmen, daß die Menschen zu sinnvollen Zielen beitragen wollen an derer Vorarbeit sie beteiligt waren, und die meisten in ihrer Kreativität und Verantwortung bei der gegenwärtigen Arbeit unterfordert sind.[12]

---

[7]   Ulrich 1999; S. 38-39
[8]   Weitbrecht 1998; S. 9, 16-17
[9]   Siegwart 1997; S. 150
[10]   Siegwart 1997; S. 20, 133
[11]   Wilkens 1998; S. 40
[12]   Jaritz 1999; S. 26

3.1 Elemente, Ziele und Instrumente

3.1.1 Personalplanung

Ein wichtiges Element des Human Resourcen Managements ist der Bereich der Personalplanung.

Sie umfaßt die Gesamtheit der Maßnahmen zur Bereitstellung der nötigen Mitarbeiter zur richtigen Zeit in der notwendigen Anzahl und Qualifikation am gewünschten Ort, sowie die Ermittlung der Potentiale und personellen Möglichkeiten einer Unternehmung, und den zukünftigen quantitativen und qualitativen Personalbedarf.[13] Grundlage der Personalplanung ist zunächst der aktuelle Personalbestand. Sie besteht weiter aus drei Hauptaufgabengebieten: Die Kollektivplanung betrifft die Gesamtheit des Personals einer Unternehmung, und besteht aus der qualitativen und der quantitativen Personalplanung. Bei der Individualplanung wird der Mitarbeiter direkt beteiligt, da er im Mittelpunkt steht, und die Personalkostenplanung ermöglicht es, die nicht unbeträchtlichen Personalkosten bei der Personalplanung zu berücksichtigen.[14] Die Ziele der Personalplanung stimmen mit den Grundzielen des Personalwesens überein: Optimaler Mitarbeitereinsatz bei minimalen Kosten, Steuerung der Personalleistung, Nutzung der Mitarbeitererfahrung, sowie soziale Ziele. Darüber hinaus gibt es noch die Ziele Fehlerfreiheit, da Fehler unter anderem gravierende Folgen wie Zerstörung des Betriebsklimas zur Folge haben können, Einflußnahme bei anstehenden Projekten und organisatorischen sowie marktbezogenen Veränderungen, und Konfliktminderung bei den Maßnahmen Kurzarbeit und Kündigungen.[15] Durch die vielfältigen Aufgaben der Personalplanung stehen dementsprechend viele unterschiedliche Instrumente zur Verfügung, auf welche im einzelnen nicht näher eingegangen werden kann. Man unterscheidet die Methoden der Scanning-, Beitrags- und Prüffunktion. Letztere unterteilt sich in die Personalbedarfsplanung mit drei verschiedenen Verfahren, Personalentwicklungsplanung und Personaleinsatzplanung. Es steht allerdings nicht für alle Bereiche der Personalplanung auch ein Instrumentarium zur Verfügung.[16]

---

[13]   Dietrich 1998; S. 82
[14]   Danne 2000; S. 18, 20
[15]   Olfert 1999; S. 66-67
[16]   Liebel 1994; S. 30-31

3.1.1.1 Personalbeschaffung

Die Personalbeschaffung baut auf der Personalbedarfsplanung auf und ist eine entscheidendes Instrument zur Bereitstellung des notwendigen Personals in einem Unternehmen. Ausgangspunkt ist hierbei die Personalanforderung, welche zu erfüllen demnach das Ziel ist. Sie sollte zur Vermeidung von Mißverständnissen schriftlich erfolgen; unterschieden wird dabei ob es sich um Ersatzbedarf oder Neubedarf handelt.[17]

„Grundlage für das Erreichen von Unternehmenszielen ist eine zielorientierte Beschaffung von Mitarbeitern" auf der Basis des von der Personalplanung ermittelten gegenwärtigen und zukünftigen Personalbedarfs.[18]

Unterschieden wird grundsätzlich zwischen der internen Personalbeschaffung und der externen Gewinnung von Mitarbeitern am Arbeitsmarkt.[19]

Die Personalbeschaffung ist in Verbindung mit Maßnahmen der Personalwerbung jedoch auch ein wichtiges Element des Human Resourcen Managements. Ihr Ziel im Unternehmen die bedarfsgerechte und kostengünstige Versorgung mit potentiellen Arbeitskräften zu sichern wird außer durch inner- und außerbetriebliche Personalgewinnung mit Stellenanzeigen bewerkstelligt. Kein anderes Instrument ist so umfassend, weitreichend und kostengünstig. Wichtig ist hier der Inhalt und die Aufmachung. Im Rahmen des Human Resourcen Managements geht es allerdings in erster Linie um die Förderung des bereits vorhandenen Personals durch Maßnahmen des internen Personalmarketings, das heißt interner Beschaffungsprogramme. Mitarbeiter sollen im Unternehmen gehalten, motiviert, gefördert und qualifiziert werden.[20]

---

[17] Olfert 1999; S. 111, 114
[18] Papmehl 1999; S. 44
[19] Jaritz 1999; S. 124
[20] Liebel 1994; S. 45-52

3.1.1.2 Personalauswahl

Die Personalauswahl steht unmittelbar nach Beendung der Anwerberaktivitäten und vor der Entscheidung ob ein Bewerber eingestellt wird oder nicht. Sie stellt den Teilbereich des externen Personalmarketings nach der Mitarbeiterbeschaffung und Eignungsfeststellung dar. Nach der Selektionsentscheidung und Einführung der neuen Mitarbeiter ist der Übergang zum internen Personalmarketing erreicht. Ziel der Personalauswahl ist es, diejenigen Mitarbeiter zu finden, welche die Anforderungen für die zu besetzenden Stellen am besten erfüllen.[21]

Hierfür ist eine Grundqualifikation nötig, ohne die eine Besserqualifizierung nicht vorgenommen werden kann. Für ein Unternehmen müssen die Mitarbeiter außer der erforderlichen Grundqualifikation jedoch auch die Werte teilen, für die es steht, und die Fähigkeit zu Innovation und Anpassung an veränderte Gegebenheiten besitzen.[22]

Im Sinne des Human Resourcen Managements beinhaltet die Personalauswahl die Gestaltung eines Auswahlsystems für interne Personalbewegungen und Rekrutierungen vom externen Arbeitsmarkt, welches auf künftige Anforderungen orientiert ist, und mit der Unternehmensstrategie und Organisationsstruktur abgestimmt ist.[23]

Instrumente der Personalauswahl werden in drei Bereiche unterteilt: In der Vorselektion erfolgt die Ermittlung von Daten aus dem Bewerbungsschreiben mit Lebenslauf und Zeugnissen, zur Endauswahl werden Selektionsgespräche geführt, sowie Telefon-Referenzgespräche mit ehemaligen Vorgesetzten, und zur Überprüfung der Testdaten sind Leistungstests (Simulationstests oder Assessment-Center für Führungsnachwuchs) und Persönlichkeitstests (Fragebogen und Projektionstests) geeignet.[24]

---

[21]   Liebel 1994; S. 69
[22]   Leetz 1999; S. 99
[23]   Dietrich 1998; S. 99
[24]   Hilb 2000; S. 198

3.1.1.3 Outplacement

In wirtschaftlich schwierigen Zeiten ist es notwendig Überkapazitäten im Unternehmen abzubauen und Kostenstrukturen zu optimieren. Im Human Resourcen Management muß der Erfolgsfaktor Mensch wegen der stetig hohen Arbeitslosigkeit auch aus der sozialen Verantwortung des Unternehmen betrachtet, und nicht nur aus ökonomischer Sicht behandelt werden. Ziel einer Freisetzungsplanung ist es die Gründe und das Ausmaß der personellen Überkapazitäten festzustellen. Wenn Personalfreisetzung notwendig ist, gibt es zwei Methoden: die erste erfolgt ohne Personalbewegung durch Arbeitszeitreduzierung und Überstundenabbau, die zweite mit Personalbewegung, wenn die erste nicht ausreicht.[25]

Trennt sich ein Unternehmen von einem langjährigen Mitarbeiter, so wird das Ziel verfolgt dies ohne Zerstörung des sozialen Klimas zu ermöglichen, und ohne den Unternehmenserfolg nachhaltig in Mitleidenschaft zu ziehen. Unter Outplacement versteht man ein Instrument des Human Resourcen Managements, welches dem Unternehmen und der betroffenen Führungskraft eine einvernehmliche Trennung ermöglicht durch Hinzuziehen eines erfahrenen Personalberaters. Ziele hierfür sind für die freigesetzte Führungskraft unter anderem die Bewahrung des Selbstvertrauens durch Erklärung der Trennung als normaler Abschnitt in der beruflichen Laufbahn und Wiedereingliederung in eine angemessene Aufgabe; für das Unternehmen unter anderem Verhütung von Imageverlust und internen Spannungen durch Vermeidung von Rechtsstreitigkeiten, sowie Aufstellen von Richtlinien für die Übermittlung des Freistellungsgrundes unter Interessensberücksichtigung des Betroffenen.[26]

Durch die Strategie des Outplacements sollen Spannungen zwischen Arbeitgeber und Arbeitnehmer abgebaut, und drohende Konflikte frühzeitig erkannt werden um sie vermeiden zu können. Da die Mitarbeiter die wertvollste Resource eines Unternehmens darstellen, liegt eine für beide Seiten faire Trennung im Interesse der Mitarbeiter und eines fortschrittlich geführten Unternehmens.[27]

---

[25]   Dietrich 1998; S.175-177
[26]   Liebel 1994; S. 395-396
[27]   Danne 2000; S. 175

3.1.2 Arbeitsorganisation

Ein bedeutendes Element des HRM ist die Arbeitsorganisation zur Erreichung gewisser Arbeitsergebnisse. Sie beinhaltet Wahrnehmungsprozesse und Handlungsmuster im Rahmen des Arbeitshandelns. Ziel ist das Arbeitsergebnis, in welchem das Arbeitshandeln der Mitarbeiter mit den Komponenten Arbeitsleistung, -zufriedenheit und -bewußtsein konkretisiert wird. In der Erklärung der Arbeitsorganisation spricht man von dem Handlungsspielraum, welcher das Resultat darstellt aus Entscheidungs- und Kontrollspielraum, Interaktionsspielraum und Tätigkeitsspielraum. Eine größere Attraktivität des Arbeitsplatzes soll erzielt werden durch geringere Restriktion des Handlungsspielraumes der entsprechenden Tätigkeit. Instrumente für eine effiziente Arbeitsorganisation stellen die Arbeitserweiterung (Job-enlargement), der Arbeitsplatzwechsel (Job-rotation), und das Job-enrichment (Arbeitsbereicherung, Teamkonzepte, Teilautonome Arbeitsgruppen) dar.[28]

Die Organisation von Personalarbeit -wie auch von Personalmanagement- ist die Voraussetzung für eine anforderungsgerechte Erfüllung der Aufgabenschwerpunkte einer Unternehmung. Die Personalabteilungen benötigen hierfür Kompetenzen für strategische Aufgaben und Entscheide.[29]

Gute Arbeitsbedingungen führen zum Wohlbefinden der Mitarbeiter; sie sollen sich im Rahmen ihrer Qualifikation entfalten können. Einarbeitung neuer Mitarbeiter erfolgt im HRM nach einem individuellen Plan, die Aus- und Weiterbildung orientiert sich an ihren zukünftigen Aufgaben, wobei jeder die Bewertung der Arbeitsleistung kennt. Die Arbeitsbedingungen und das Wohlbefinden werden von den Anforderungen aus der Arbeitstätigkeit, Ausbildungsvoraussetzung, gesellschaftliche Bewertung sowie familiäre Voraussetzungen beeinflußt. Um mit der Arbeitsorganisation eine positive Beeinflussung der Arbeit zu erlangen, müssen demnach physische und psychische Aspekte berücksichtigt werden.[30]

---

[28]   Liebel 1994; S. 113-116
[29]   OFW 1993; S. 194
[30]   Siegwart 1997; S. 69

3.1.3 Entlohnung

Die Ausgestaltung des Engeltsystems ist ein zentrales Element des HRM. Gemeint ist damit nicht nur die Entlohnung der Arbeitsleistung sondern vielmehr das umfassende Anreizsystem mit betrieblichen Zusatzleistungen und immateriellen Werten wie Weiterbildungsmöglichkeiten, Arbeitsplatzsicherheit und Karrierepfade. Ziel des Entgeltsystems ist die Funktion, die Mitarbeiter zu belohnen für kurzfristige Zielerfüllung auf der operativen Ebene wie auch strategische Zielerreichung. Ein weiteres Ziel ist es Arbeitszufriedenheit zu erreichen, welches sich nicht mehr allein über monetäre Anreize erfüllen läßt. Grundlage der Instrumente zur Entgeltfindung ist die Stellenbeschreibung die mit einer Arbeitsanalyse erstellt wird. Über sie werden Arbeit und Leistung bewertet, womit dann die Entgelthöhe festgelegt wird.[31]

Eine faire Vergütung ist nicht für jeden gleich, aber gerecht. Wie beschrieben ist sie „am individuellen Ergebnis beim Erreichen vereinbarter Ziele orientiert." Im HRM sind die Führungskräfte mitbeteiligt an der gerechten Entgeltfindung der ihnen untergeordneten Mitarbeiter- individuelle und auch Teamleistungen sollen sich lohnen. Gute Leistung soll belohnt werden und ohne Umwege zum Aufstieg auf der Karriereleiter führen. Ziel der Entlohnung im HRM ist weiter die Vermeidung von standardisierten Leistungsbewertungskriterien.[32]

Vielmehr sollen wie bei einem Anstellungsgespräch die Verhandlungen mit Aushandeln des Lohnes und Einholung von Marktdaten auch zukünftige Lohngespräche mit eigener und fremder Leistungseinschätzung geführt werden.[33]

„Ziel ist es dabei, aus Sicht der Mitarbeiter, Kunden, Eigentümern und Gesellschaft das Gefühl zu vermitteln, daß das Personal intern, extern und entsprechend dem Unternehmenserfolg gerecht honoriert werden." Hierfür ist ein Grundgehalt (Festgehalt) geeignet mit variablen Vergütungen (z.B. Anerkennungsprämie, Bonus, Incentive), und Zusatzleistungen (gesetzliche Sozialleistungen und freiwillige Benefits).[34]

[31] Liebel 1994; S. 257-259
[32] Siegwart 1997; S. 71, 147
[33] Hilb 1998; S. 53
[34] Hilb 2000; S. 230, 231

3.1.3.1 Personalentwicklung

Als immaterielles Anreizsystem zur Entlohnung von Mitarbeitern wird im HRM die Personalentwicklung im Sinne von Aus- und Weiterbildung angesehen, welche selbstverständlich genauso zur Erreichung der Unternehmensziele nötig ist. Ziel ist es alle hierfür nötigen Aktivitäten, Kenntnisse und Fähigkeiten zu fördern, zu verstärken und zu belohnen. Personalentwicklung als Element soll ebenfalls die Wünsche und Erwartungen der Mitarbeiter auf ihre berufliche Zukunft berücksichtigen. Die beste Basis für den gemeinsamen Erfolg bildet eine größtmöglichste Übereinstimmung der Unternehmensziele mit den Mitarbeiterzielen. Instrumente ergeben sich aus dem Beitrag des Unternehmens zur Bedürfniswahrnehmung, Schaffung von Lerngelegenheiten und dem zur Verfügung stellen von Zeit.[35]

„Da der Mensch im Unternehmen zusehends mehr als wichtigster Erfolgsfaktor und als bedeutendste Resource angesehen wird, gewinnt die Rolle der strategischen Personalplanung immer weiter an Bedeutung."[36]

Personal ist eine Resource, welche stetig gepflegt und weiterentwickelt werden muß, wobei Bildungsbedarf als Chance angesehen werden soll und nicht als Mangel. Für ein modernes Unternehmen das sich im Wettbewerb durchsetzen will, bilden qualifizierte Mitarbeiter die notwendige Voraussetzung. Die Personalentwicklung teilt sich in drei Bereiche: Berufsausbildung, berufliche Fort- und Weiterbildung, sowie Umschulung.[37]

Ziel der Karrierechancen sowie Qualifizierungsmöglichkeiten und Fördermaßnahmen ist die Motivation der Mitarbeiter und die Anregung zum unternehmerischen Denken. Mit der angestrebten veränderten Gesamteinstellung bedürfen die Mitarbeiter keiner weiteren Motivation, da dann ihre Ziele und Bedürfnisse mit den Unternehmenszielen übereinstimmen und auf diese Weise realisierbar sind.[38]

Das Kernziel der Personalentwicklung im HRM ist die Leistungsverbesserung, welche schon beschrieben wurde, wobei es zunächst einmal wichtig ist, die Bedürfnisse der Mitarbeiter herauszufinden um dann durch gezielte Anreize das Leistungsverhalten zu verbessern.[39]

---

[35]   Siegwart 1997; S. 145, 148
[36]   Dietrich 1998; S. 157
[37]   Danne 2000; S. 100
[38]   Dietrich 1998; S. 157
[39]   Liebel 1994; S. 293

3.1.4 Personalführung

Das entscheidende Element des HRM ist die Personalführung, da sie die Unternehmensentwicklung stark beeinflusst.

Ein gutes Betriebsklima wird durch entsprechende Führungsgrundsätze geschaffen, und gute Mitarbeiter bringen auch gute Leistungen.[40]

Personalführung ist darauf gerichtet, das Mitarbeiterverhalten im Unternehmen zielorientiert zu beeinflussen, und die grundlegenden Strategien und Entscheidungen auf den einzelnen umzulegen. Bei gleichen Aufgabenstellungen hat sich jedoch die Aufgabenerfüllung geändert, weg von dem autoritären und hin zu einem kooperativen Führungsstil.[41]

Das HRM sieht den Mitarbeiter als entscheidenden Mitgestalter, demnach soll er auch mitbestimmen, zumindestens in den Bereichen, wo die Betroffenen aktiv Einfluß auf das Geschehen nehmen können.[42]

Führungskräfte fördern gezielt das selbstverantwortliche Handeln der Mitarbeiter durch plausible Erklärung des Sinnzusammenhangs von Aufgaben und Zielen. Sie schaffen ein Umfeld zur Mitarbeiterentfaltung, und geben ihrem Team Orientierung durch persönliches Vorbildverhalten. Hierbei ist ein vertrauensvoller Umgang sowie die Abgabe von Verantwortung an die jeweiligen Kompetenzträger unbedingt notwendig.[43]

Diese Instrumente führen zur Erfüllung der Ziele Produktionssteigerung durch Mitbestimmung, Selbstbestimmung und Selbstkontrolle, sowie Mitarbeiterzufriedenheit durch Nutzung all ihrer Fähigkeiten.[44]

Im HRM gibt es hauptsächlich drei Management-Techniken, „Management by exception" setzt „Management by objectives" voraus, und ergänzt es regelmäßig. Vorteile sind die Zielstrebigkeit mit der die Arbeit erfolgt, der Erfolg ist messbar, und die Mitarbeiter können sich weitgehend selbständig kontrollieren. Interessant ist das „Management by delegation", bei welchem die Delegation von Verantwortung in Form der Übertragung von Aufgaben, den zur Aufgabenerledigung erforderlichen Befugnissen und die daraus entstehende Verantwortung auf einen Mitarbeiter

---

[40] Danne 2000; S. 74
[41] Olfert 1999; S. 235-236
[42] Hilb 1998; S. 48
[43] Papmehl 1999; S. 36, 90
[44] Jaritz 1999; S. 26

übergeht. Ziel dieses Systems ist es Verantwortung von oben nach unten zu übertragen, und somit dem autoritären Führungsstil der Vergangenheit (und zum Teil noch der Gegenwart) entgegen zu wirken. Instrument ist besagte Delegation von Verantwortung, nicht zu verwechseln mit der bisher übliche Delegation von Arbeit, bei welcher der Mitarbeiter nur die Ausführung übertragen bekommt mit genauen Weisungen, und bei Schwierigkeiten angehalten ist, den Vorgesetzten zu informieren. Im Gegensatz dazu bekommt er bei der Delegation von Verantwortung auch die nötigen Kompetenzen zugetragen, um in seinem festumgrenzten Arbeitsbereich selbständig zu entscheiden und zu handeln.[45]

3.1.4.1 Motivation

Ziel des kooperativen Führens und Motivierens bedeutet: „Jemanden dazu zu bringen, das zu tun, was man gemeinsam, an Organisations- und eigenen Zielen orientiert, für sinnvoll und richtig erkannt hat, nach einer gemeinsam festgelegten Strategie, zu den für günstig befundenen Zeitpunkten, weil alle, nach Durcharbeit von Informationen, nach Austausch von Argumenten und akzeptierter Verteilung der Aufgaben davon überzeugt sind, zur gemeinsamen guten Sache beizutragen!"[46]

Ein Ziel der Motivation ist es ein Klima zu schaffen, das die Lust an der Arbeit weckt; Instrumente hierfür sind Abschaffung von starren Arbeitszeiten, von zuviel Kontrolle und hierarchischen Strukturen, Einführung von mehr Gestaltungsfreiraum und Verantwortung, durchschaubare Entscheidungen, sowie niedrigerer Leistungsdruck, aber auch Vermeidung von Unterforderung.[47]

Durch Motivation werden bei dem Menschen Potentiale geweckt und freigesetzt. Versprechungen sind dafür wenig geeignet, da sie den Mitarbeiter nur von außen motivieren, und er dann bei nächster Gelegenheit die Verhaltensweisen und Methoden hinterfragen und anzweifeln wird. Von außen muß Engagement geschaffen und die Mitarbeiter zur Eigeninitiative ermächtigt werden, damit sie sich dauerhaft selber in die Pflicht nehmen auf der Basis eigener Einsichten, Fähigkeiten und Rechte.

---

[45] Golas 1997, S. 108-113
[46] Liebel 1994; S. 202

Diese Mitarbeiter sind motiviert durch eigene Befugnisse, die sie richtig nutzen, und lösen so grundlegende Probleme eigenständig.[48]

Die Motivation rückt im HRM immer mehr in den Vordergrund; Mitarbeiter zu motivieren ist zu einer wichtigen Aufgabe der Führungskräfte geworden, der sie oft nicht gewachsen sind, vor allem wenn sie Kooperation fördern sollen, aber autoritärer Druck dagegensteht. Instrumente zur Motivation von Mitarbeitern versucht man auf drei Ebenen zu finden- der organisationalen, der Ebene des Arbeitsteams und zwischen Mitarbeitern und Vorgesetzten oder jeweils untereinander.[49]

3.1.4.2 Leistung

Ein vorgegebenes Ziel des HRM ist die Leistung, worunter man jede rechtliche Handlung versteht die eine Vermögensverschiebung in Geld, Sachen und Diensten bewirkt. Als Leistungsgrad eines Mitarbeiters bezeichnet man das geschätzte Verhältnis der tatsächlichen Arbeitsleistung (Intensität von Bemühen und Können) zur Normalleistung (=100%) eines ausreichend geeigneten und eingeübten Mitarbeiters.[50]

Da im Rahmen eines HRM Leistung sogar als das zentrale Ziel verstanden wird, zum Beispiel als Ergebnis der betrieblichen Tätigkeiten, also als entstandener Wertezugang, wird demzufolge die Leistungsbeurteilung zu einem zentralen Instrument, sowohl für die Führungsebene als auch für die ausführenden Funktionen.[51]

Das Ziel der Leistungserhöhung in Form von Mobilisierung der Energie von Mitarbeitern erfordert die Instrumente Schaffung von Freiräumen, Öffnen der bürokratischen Organisationsstruktur, Förderung der Lust am Denken und Zusammenarbeit, Herausforderung durch Kompetenzen und Verantwortung, Schaffen von Entdeckungsräumen zur Entfaltung der Kreativität, sowie Möglichkeiten der Qualifizierung[52]- ähnlich wie bei der Motivation; denn nur motivierte Mitarbeiter bringen die volle Leistung.

[47] Markt u. Mittelstand 11/99; S. 22, 26
[48] Ulrich 1999; S. 214, 227-228
[49] Liebel 1994; S. 164-165, 171
[50] Dietrich 1998; S. 118
[51] Liebel 1994; S. 223, 226

-14-

3.1.5 Unternehmenskultur

Das wohl grundlegendste Element des Human Resourcen Managements ist die Unternehmenskultur, denn sie ist die tragende Säule einer Organisation.

„Kultur und Philosophie eines Unternehmens setzen die wesentlichen Rahmenbedingungen bei der Entwicklung von Strategien für die Human Resourcen."[53] Ziel der Unternehmenskultur ist die Prägung des Images einer Unternehmung durch eine eigene, unverwechselbare innere und äußere Identität. Die Instrumente zur Sicherung dieses Images ergeben sich aus dem Verhalten der Mitarbeitenden, welches aber auch durch die „kollektive Programmierung" kontrolliert wird.[54] Die Entwicklung der Unternehmenskultur ist dementsprechend die oberste Aufgabe des HRM; da sie sich von unten aufbaut, und nicht von oben befohlen werden kann, muß ihre Gestaltung gemeinsam mit den Betriebsangehörigen erfolgen. Der Wettbewerbsfähigkeit dient eine offene, bewegliche und ergebnisorientierte Kultur, wogegen sich Bürokratie, mangelnde Flexibilität und Kommunikation negativ auswirken.[55]

Der Kern einer Unternehmenskultur besteht dabei aus unbewussten Basisannahmen, welche selbstverständlich geworden sind und den größten Einfluß auf das Verhalten eines Mitarbeiters haben. Sie lassen sich dagegen schwer ermitteln, da sie meistens tief im Unterbewusstsein verankert sind. Bei den Instrumenten zur Kulturgestaltung geht eine Erfassung der Ist-Kultur voraus, es wird daher unterschieden zwischen Instrumenten zur Gestaltung der Kultur und solchen zur Erfassung der vorhandenen.[56] Aus Platzgründen kann hier leider nicht näher auf die Methoden eingegangen werden. Für eine ideale Firmenkultur gibt es natürlich kein Patentrezept; in einem Betrieb muß eine Vertrauenskultur herrschen, und man braucht einfache und klare Ziele, um bei den Mitarbeitern eine gemeinsame Vision zu erzeugen. „Spitzenunternehmen schaffen eine umfassende, beflügelnde, gemeinsam getragene Firmenkultur, in der hoch motivierte Mitarbeiter nach den richtigen Wegen suchen."[57]

---

[52] Markt u. Mittelstand 11/99; S. 26
[53] Papmehl 1999; S. 86
[54] Hilb 2000; S. 82
[55] Siegwart 1997; S. 21, 43
[56] Liebel 1994; S. 403, 407
[57] Markt u. Mittelstand 12/99; S. 60-61

4 Zusammenfassung

Das Human Resourcen Management betrachtet den Mitarbeiter nicht als Kostenfaktor, sondern als Aktivposten des Unternehmens zur Erreichung von Wettbewerbsvorteilen, ohne welchen der Betrieb nicht handlungsfähig wäre. Daher wird das Human Resourcen Management als effiziente Investition angesehen; alle Mitarbeiter sind leistungswillig, leistungsfähig und entwicklungsfähig. Für die bestmöglichste Entwicklung der Mitarbeiter müssen die Arbeitsplätze mit ihren Arbeitsinhalten individuell abgestimmt sein, und geeignete Partizipationsmöglichkeiten geschaffen werden.[58]

Eine größtmöglichste Übereinstimmung der individuellen Bedürfnisse der Mitarbeiter mit den Unternehmenszielen gewährleistet eine positive Entwicklung der Organisation; Aufstiegschancen der Mitarbeiter kommen dem gesamten Unternehmen zu Gute.

Wichtige Elemente neben der Personalplanung sind die Führung der Mitarbeiter und die Unternehmenskultur. Eine ideale Personalführung ermöglicht den Mitarbeitern Freiräume zum eigenverantwortlichen Handeln und zur Entfaltung ihrer Potentiale, welche die Unternehmung ausschöpfen kann. Die Schaffung eines optimalen Arbeitsklimas erzeugt motivierte Mitarbeiter, welche dementsprechend ihre Höchstleistung bringen. Einheitliche Normen und Werte bilden die Unternehmenskultur, in deren Rahmen der persönliche Einsatz der Mitarbeiter durch Kommunikation und Beteiligung gefördert, aber auch kontrolliert wird.

Human Resource Management versucht alle Leistungspotentiale aller Mitarbeiter zu aktivieren durch die Verknüpfung der verschiedenen aufeinanderbezogenen Elementen und Methoden, und geht damit über die herkömmliche Konzeption der Personalfunktion hinaus.

---

[58]   Siegwart 1997; S. 28

5 Literaturverzeichnis

Human Resource Management
Hans Siegwart/ Rolf Dubs/ Julian Mahari, 1997

Management der Human-Ressourcen
Martin Hilb, 1998

Strategisches Human Resource Management
Dave Ulrich, 1999

DIE RESSOURCE MENSCH im Mittelpunkt innovativer Unternehmensführung
OFW (Hrsg.), 1993

Handbuch Human Resource Management
Hermann J. Liebel und Walter A. Oechsler,1994

Transnationales Management der Human-Ressourcen
Martin Hilb, 2000

Human Resource Management in der europäischen Automobilindustrie
Uta Wilkens, 1998

Human Resource Management in der Beschäftigungskrise
Andreas Dietrich, 1998

TQM und Mitunternehmertum im Humanressourcenmanagement
André Jaritz, 1999

Personalmanagement und Humanressourcen in öffentlichen,
sozialwirtschaftlichen und genossenschaftlichen Unternehmen
Wolf Leetz, 1999

Mitbestimmung, Human Resource Management und neue Beteiligungskonzepte
Hansjörg Weitbrecht, 1998

Personal-Controlling (Human-Ressourcen effektiv entwickeln)
Andre Papmehl, 1998

Der Mitarbeiter
Heinz G. Golas, 1997

Personalwirtschaft
Klaus Olfert/ Pitter A. Steinbuch, 1999

Personalwirtschaft
Harald Danne, 2000

Markt und Mittelstand
Ausgabe 11/1999

Markt und Mittelstand
Ausgabe 12/1999